COMPTABILITÉ DES FABRIQUES

Décret du 27 Mars 1893 portant règlement
d'administration sur la Comptabilité des Fabriques

Circulaire de M. le Ministre des Cultes
(15 Décembre 1893).

Instruction sur la Comptabilité des Fabriques
(15 Décembre 1893).

PRIX : 40 CENTIMES

MEAUX

A. LE BLONDEL, IMPRIMEUR-LIBRAIRE DE L'ÉVÊCHÉ
RUE SAINT-REMY, 2, ET PLACE DE LA CATHÉDRALE

—

1894

COMPTABILITÉ DES FABRIQUES

DÉCRET DU 27 MARS 1893 PORTANT RÈGLEMENT
D'ADMINISTRATION SUR LA COMPTABILITÉ DES FABRIQUES.

—

CIRCULAIRE DE M. LE MINISTRE DES CULTES
(15 DÉCEMBRE 1893).

—

INSTRUCTION SUR LA COMPTABILITÉ DES FABRIQUES
(15 DÉCEMBRE 1893).

PRIX : 40 CENTIMES

MEAUX

A. LE BLONDEL, IMPRIMEUR-LIBRAIRE DE L'ÉVÊCHÉ
RUE SAINT-REMY, 2, ET PLACE DE LA CATHÉDRALE

—

1894

CIRCULAIRE DE M. LE MINISTRE DES CULTES

Concernant la Comptabilité des Fabriques.

Paris, le 15 décembre 1893.

Monsieur l'Évêque,

Une circulaire de mon prédécesseur, en date du 30 mars 1893, vous a transmis le texte du décret du 27 du même mois portant règlement d'administration publique sur la comptabilité des fabriques. Cette circulaire traçait en même temps les règles nouvelles applicables à la rédaction des budgets qui ont dû être votés dans la dernière séance de *Quasimodo* et elle vous annonçait l'envoi ultérieur des modèles et instructions prévus par l'article 29 du décret.

J'ai l'honneur de vous adresser ci-joint ces documents.

Dans leur rédaction, mon administration, de concert avec M. le Ministre des finances, s'est appliquée à réduire au minimum strictement indispensable les formalités en usage dans la comptabilité publique, et, tout en conservant les règles essentielles de cette comptabilité, à les approprier, dans les limites tracées par le décret du 27 mars lui-même, au caractère spécial des établissements fabriciens. L'Instruction générale ci-jointe, notamment, se borne à rappeler les principes qui sont la base de la comptabilité publique et à se référer aux cas d'une application usuelle et en quelque sorte courante. Dans ma pensée, comme dans celle de mon collègue des finances, elle doit constituer pour les conseils de fabrique et pour leurs comptables un guide aussi clair et aussi succint que possible, dans lequel les cas particuliers ont, à dessein, été laissés de côté, me réservant de les examiner avec vous et de vous adresser les explications qui vous paraîtront nécessaires.

A l'Instruction générale proprement dite, se trouvent annexés la nomenclature des justifications à produire par les comptables à l'appui de leurs comptes et les modèles des registres et imprimés divers qui devront être employés par les fabriques.

En ce qui concerne la nomenclature, il suffit de la comparer à celle qui est en usage dans les communes et établissements de bienfaisance pour se convaincre du désir de simplification qui a présidé à sa rédaction. Les pièces exigées sont seulement celles qui sont strictement indispensables pour justifier de la sincérité des opérations faites par les comptables.

En matière de timbre, l'exemption, qui a pour base l'article 81 du décret-loi du 30 décembre 1809, a reçu tout le développement possible : les justifications de titres à l'appui des comptes pourront toujours être suppléées par des copies ou extraits sur papier libre et les mémoires des travaux ou fournitures par des quittances explicatives passibles seulement du timbre de 0 fr. 10.

Quant aux quittances délivrées par les comptables au nom et aux frais des débiteurs des fabriques, elles sont passibles du timbre de 0 fr. 25, comme toutes les quittances des comptables publics ; mais toutes celles qui seront délivrées par les régisseurs de recettes — et c'est de beaucoup le plus grand nombre — continueront à n'être timbrées qu'à 0 fr. 10.

Les divers modèles qui suivent la nomenclature sont uniquement destinés à faciliter la tâche des conseils de fabriques et de leurs comptables, mais toute latitude est laissée aux fabriques, sous votre autorité, au sujet du format et de la disposition matérielle des registres et imprimés à employer.

J'appelle votre attention, M. l'Évêque, sur les modèles des comptes.

Les règles de la comptabilité publique exigent deux comptes : l'un, le *compte administratif*, rendu par l'*ordonnateur*, c'est-à-dire par le président du bureau des marguilliers ; et l'autre, le *compte de gestion*, rendu par le *comptable*. C'est ce dernier qui est soumis à l'apurement du conseil de préfecture ou de la Cour des comptes.

L'article 30 du décret du 27 mars 1893 ayant décidé que les dispositions de ce décret ne seront applicables qu'aux budgets délibérés par les fabriques, en 1893, et aux comptes rendus pour l'exécution de ces budgets, il en résulte que les nouveaux modèles ne seront obligatoires que pour les comptes rendus à la *Quasimodo* 1895, pour l'exercice 1894. Néanmoins il a paru préférablr de donner dès maintenant ces modèles pour réunir à la présente circulaire et permettre ainsi de conserver ensemble dans les évêchés les diverses formules reconnues nécessaires.

Pour ce motif, vous trouverez également sous le n° 1, un nouveau modèle de budget.

Ce modèle ne diffère de celui qui était annexé à la circulaire du 30 mars dernier que par quelques modifications de détail relatives notamment à l'énumération de diverses recettes et dépenses. Mais il demeure entendu que cette énumération, donnée à titre de simple indication, n'a aucun caractère limitatif, toutes additions utiles pouvant être faites à la main sous l'autorisation et la responsabilité de l'autorité épiscopale chargée d'approuver le budget.

De même il convient de ne pas se méprendre sur la portée de la division du budget en budget ordinaire et budget extraordinaire prévue par le modèle. Cette division prescrite par le décret du 27 mars 1893 par analogie avec les dispositions de la loi municipale du 5 avril 1884 et dans le but de permettre la détermination de la compétence du conseil de préfecture ou de la Cour des comptes pour le jugement des comptes, n'a, en aucune façon, la portée que certains commentateurs ont paru lui attribuer. Le décret du 27 mars 1893 n'a ni pu ni voulu modifier celui du 30 décembre 1809 sur ce point essentiel, en instituant deux budgets absolument indépendants, et il serait inadmissible que les fabriques ne pussent, comme par le passé, recourir à l'excédent de leurs recettes extraordinaires pour faire face, en cas de besoin, à des dépenses ordinaires et *vice versa*. Aussi tous les modèles de budget, qu'ils soient antérieurs ou postérieurs au décret du 27 mars, se terminent-ils par une récapitulation générale totalisant toutes les recettes et dépenses de la fabrique aussi bien ordinaires qu'extraordinaires, l'équilibre devant être assuré sans tenir compte de cette distinction.

Enfin, vous remarquerez qu'à titre transitoire et pour permettre l'établissement du premier compte de gestion, l'article 51 de l'Instruction prévoit un procès-verbal de la situation de la caisse de chaque fabrique au 1er janvier prochain. Conformément à l'article 13 du décret réglementaire, ce procès-verbal devra être dressé par le bureau des marguilliers.

Je vous serai obligé, M. l'Évêque, de vouloir bien porter les instructions ci-jointes à la connaissance des conseils de fabrique. Je me plais à espérer que vous y trouverez les indications nécessaires pour compléter l'exécution du décret du 27 mars déjà commencée par le vote du budget et la désignation des comptables. Je me tiens toutefois à votre disposition pour vous adresser, sur votre demande, tous éclaircissements complémentaires.

Agréez, M. l'Évêque, l'assurance de ma haute considération.

Le Ministre de l'Instruction publique,
des Beaux-Arts et des Cultes,

E. SPULLER.

INSTRUCTION

SUR LA COMPTABILITÉ DES FABRIQUES.

(Art. 29 du règlement d'administration publique du 27 mars 1893.)

Dispositions générales.

1. La comptabilité des fabriques est établie par gestion et par exercice.

2. La gestion embrasse l'ensemble des actes du comptable, soit pendant l'année, soit pendant la durée de ses fonctions, s'il y a eu mutation.

3. L'exercice est la période d'exécution des services du budget ; il prend la dénomination de l'année à laquelle il se rapporte.

Sont seuls considérés comme appartenant à un exercice les droits acquis et les services faits du 1er janvier au 31 décembre de l'année qui lui donne son nom. La durée des périodes complémentaires de l'exercice s'étend jusqu'au 1er mars pour l'ordonnancement et jusqu'au 15 mars pour le recouvrement des produits et le payement des dépenses.

4. Les crédits ouverts pour les dépenses de chaque exercice ne peuvent être employés à l'acquittement des dépenses d'un autre exercice.

5. Tout mandat énonce l'exercice, le crédit ainsi que l'article du budget auquel s'applique la dépense.

6. Il doit être fait recette du montant intégral des produits. Les frais de perception ainsi que les autres frais accessoires sont portés en dépense.

7. Toute personne, autre que le comptable institué par l'article 5 du décret du 27 mars 1893, qui, sans autorisation légale, se serait ingérée dans le maniement des deniers de la fabrique, est, par ce seul fait, constituée comptable et se trouve soumise à l'obligation de rendre compte de ses opérations devant l'autorité chargée de juger le compte de la fabrique.

Cette disposition ne s'applique pas aux opérations effectuées par des régisseurs de recettes ou de dépenses conformément à la présente instruction.

8. Les recettes et les dépenses des fabriques ne peuvent être faites qu'en vertu du budget de chaque exercice, et, s'il y a lieu, des chapitres additionnels ou d'autorisations spéciales régulièrement votés par le conseil de fabrique et approuvés par l'Evêque. Les modèles du budget et des chapitres additionnels sont donnés sous les nos 1 et 2.

9. Le budget de chaque exercice est proposé par le bureau des marguilliers, délibéré par le conseil de fabrique dans la session de quasimodo et approuvé par l'Evêque. (Décret du 30 décembre 1809.)

10. Une copie du budget de la fabrique doit être remise, à la fin de chaque année, pour l'exercice qui va s'ouvrir, au comptable chargé de l'exécuter.

11. S'il arrivait que le budget d'un exercice ne fût pas approuvé ou remis au comptable avant l'ouverture de l'exercice, les recettes et les dépenses ordinaires continueraient à être faites conformément au budget de l'année précédente.

12. Le comptable de la fabrique doit recevoir, indépendamment du budget, des chapitres additionnels est des autorisations spéciales, une copie de tous les baux, contrats, jugements et titres concernant les revenus dont la perception lui est confiée.

Écritures des ordonnateurs et des comptables.

13. Les livres de l'ordonnateur de la fabrique sont :

ɪ° Un *livre d'enregistrement des droits des créanciers* (modèle n° 5);

ɪɪ° Un *livre des mandats délivrés* (modèle n° 4).

Ces deux livres sont tenus par articles du budget.

Lorsque le comptable est un receveur spécial, ou un percepteur, l'ordonnateur tient en outre un *carnet d'enregistrement des titres de perception,* qu'il remet au comptable. Ce carnet indique la date des titres de perception, la désignation des produits ayant donné lieu à l'établissement des titres de perception, l'article du budget et le montant des titres de perception.

14. Les trésoriers-marguilliers et les receveurs spéciaux tiennent leurs écritures en partie simple (1); leurs livres sont les suivants :

ɪ° Un *journal à souche* pour l'enregistrement des recettes et pour la délivrance des quittances aux parties versantes (modèle n° 5);

ɪɪ° Un *livre journal de caisse* sur lequel le comptable porte chaque jour, d'une part le total des recettes inscrites sur le journal à souche, d'autre part le détail des dépenses au fur et à mesure qu'il les effectue (modèle n° 6);

ɪɪɪ° Un *livre de détail* sur lequel les recettes et les dépenses sont classées par articles du budget. Le livre de détail (modèle n° 7) est tenu par exercice, c'est-à-dire qu'il sert à l'enregistrement des recettes et des dépenses propres à chaque exercice, non seulement pendant l'année qui donne son nom à cet exercice, mais encore pendant la partie de l'année suivante (du 1ᵉʳ janvier au 15 mars) qui est accordée pour en compléter les opérations. Il s'ensuit

---

(1) Les fabriques qui actuellement tiennent leur comptabilité en partie double peuvent conserver ce mode d'écritures.

que les comptables ayant à opérer, dans le cours de chaque année, les recettes et dépenses de l'exercice qui commence et celles de l'exercice qui achève sa période, doivent, pendant cette période, tenir concurremment ouverts les *livres de détail* de ces deux exercices.

Les opérations faites comme services hors budget sont également reportées sur le livre de détail de l'exercice courant, à la suite des opérations budgétaires.

Dans le cas où le comptable de la fabrique est un receveur spécial, et où ce receveur gère le service de plusieurs fabriques situées dans le même canton, il doit tenir autant de *livres de détail* qu'il y a de fabriques dans sa gestion.

15. Le journal à souche et le livre journal de caisse doivent être cotés et paraphés par l'ordonnateur.

16. Les registres des fabriques sont exempts de timbre, en vertu de l'article 81 du décret-loi du 30 décembre 1809.

La dispense de timbre s'étend également aux copies ou extraits d'actes produits à l'appui des comptes à titre de justifications, sous la condition qu'ils seront délivrés par les comptables de la fabrique ou le président du bureau des marguilliers et qu'ils feront mention de leur destination.

17. Lorsque le comptable de la fabrique est un percepteur, les livres et écritures qu'il tient en qualité de comptable de la fabrique sont les mêmes que ceux qu'il tient pour les gestions communales ou hospitalières dont il peut être chargé.

Toutefois les pages du livre des comptes divers, affectées à la comptabilité de la fabrique, ne sont pas revêtues du timbre de dimension. (Art. 81 du décret du 30 décembre 1809.)

Dispositions concernant les recettes.

18. Le comptable de la fabrique recouvre les divers produits aux échéances déterminées par les titres de perception ou par l'ordonnateur.

19. Il délivre, pour toutes les sommes versées à sa caisse, des quittances extraites du journal à souche (modèle n° 5.)

Ces quittances doivent être revêtues du timbre à 0 fr. 25 établi par l'article 4 de la loi du 8 juillet 1862, modifié par l'article 2 de celle du 23 août 1871, lorsque la recette excède 10 francs ou lorsque, n'excédant pas 10 francs, elle a pour objet soit un acompte, soit un payement final sur une somme supérieure à ce chiffre.

La valeur des timbres mobiles acquis à cet effet par le comptable demeurant comprise dans son encaisse, il n'a aucune écriture à passer pour constater soit l'achat de ces timbres, soit leur remboursement par les débiteurs de la fabrique.

Il n'y a pas lieu d'apposer le timbre sur les quittances qui sont données pour ordre, notamment pour les recettes ci-après : produit des quêtes, produit des troncs, produit de la location des bancs et chaises lorsqn'il est perçu en régie par un préposé de la fabrique.

20. Lorsque le comptable est porteur d'un titre exécutoire, il peut employer contre les débiteurs en retard les moyens de poursuites ci-après :

Commandement par ministère d'huissier ;

Saisie-exécution de meubles en observant les formalités prescrites par le code de procédure.

Après ce dernier acte de poursuites, le comptable doit informer le président du bureau des marguilliers de la date à laquelle doit avoir lieu la vente. Si le bureau juge qu'il y a lieu de surseoir, ordre par écrit doit en être donné au comptable, qui suspend ses poursuites.

21. Le comptable peut procéder à la saisie-arrêt sans aucune autorisation ; mais il doit en donner avis immédiatement au président, afin que le bureau puisse examiner s'il convient de dénoncer la saisie avec assignation en validité.

Dispositions concernant les dépenses.

22. Chaque crédit doit servir exclusivement à la dépense pour laquelle il a été ouvert. La destination n'en peut être changée sans une décision de l'autorité qui a compétence pour régler le budget.

23. Aucune dépense ne peut être payée si elle n'a été préalablement ordonnancée sur un crédit régulièrement ouvert.

24. Le président du bureau des marguilliers est le seul ordonnateur des dépenses fabriciennes. Les mandats qu'il délivre sont datés et émis au profit et au nom des créanciers directs de la fabrique, sous réserve des dispositions contenues à l'article suivant. Il est interdit à l'ordonnateur de remettre au comptable soit des mandats *en blanc* pour les dépenses de la fabrique, soit des reconnaissances *en blanc* pour le remboursement des fonds placés au Trésor.

25. Lorsque les fonctions de comptable de la fabrique sont remplies par un receveur spécial ou par uu percepteur, le marguillier-trésorier peut être chargé, à titre de régisseur de dépenses, de payer, au moyen d'avances mises à sa disposition par le comptable, sur l'autorisation du président du bureau, les menues dépenses de la célébration du culte.

A cet effet le président du bureau établit, au nom du trésorier-marguillier, un *mandat d'avance permanente*, qui ne porte aucune indication de crédit ni d'exercice. Les fonds sont remis par le receveur spécial ou par le percepteur au trésorier-marguillier contre la remise du mandat dûment quittancé qui est conservé dans la caisse du comptable et y représente du numéraire. Il n'est passé aucune écriture au livre journal de caisse pour cette opération. A la fin de chaque mois, et plus souvent s'il est nécessaire, le président du bureau délivre, au profit du trésorier-marguillier, sur les articles du budget correspondant aux dépenses faites, un mandat de payement dont le montant représente les mêmes dépenses payées au moyen de l'avance. L'encaissement de ce mandat, auquel sont annexées les pièces justificatives, permet au trésorier-marguillier de reconstituer son avance permanente.

Lorsque les fonctions de comptable de la fabrique sont remplies par le trésorier-marguillier, le conseil de fabrique peut désigner un régisseur de dépenses apte à recevoir, dans les conditions spécifiées au paragraphe précédent, des avances destinées au payement des menues dépenses de la célébration du culte.

L'avance ne peut dépasser le dixième du crédit ouvert sur les art. 1 et 2 du budget des dépenses. Elle ne peut avoir pour objet que l'acquittement des dépenses énumérées dans lesdits articles ainsi que les menues dépenses faites au comptant sur les frais d'administration (art. 10 du budget.)

Le régisseur de dépenses peut être chargé de payer sur émargements les traitements et salaires du clergé et des serviteurs de l'église ; dans ce cas le mandat de payement, établi à son nom, est appuyé de l'état d'émargement.

26. Le comptable de la fabrique remet au président du bureau des marguilliers, à la fin de chaque trimestre (1), comme document servant à contrôler et à suivre les diverses opérations qu'il effectue, un bordereau de situation (2) qui présente, par exercice, les sommes à recouvrer et à dépenser, ainsi que le montant des recouvrements et des payements effectués sur chaque article du budget, et qui fait ressortir l'encaisse à la fin du trimestre, avec la distinction du numéraire immédiatement disponible et des fonds placés en compte courant au Trésor. Les chiffres à porter sur ce bordereau sont extraits du livre de détail.

Pour les fabriques peu importantes, le bordereau peut être réduit aux seuls développements nécessaires pour donner à l'ordonnateur une connaissance exacte de la situation des crédits ouverts à chaque article du budget.

Lorsque le comptable de la fabrique est un percepteur, le bor-

_(1) Article 34 du décret du 30 décembre 1809.

(2) Le modèle à employer est le même que celui qui est en usage pour les communes.

dereau trimestriel qui sera toujours établi dans la forme prescrite par le paragraphe premier du présent article est, après examen et visa de l'ordonnateur, envoyé au receveur des finances, par l'intermédiaire de l'évêché.

27. Les comptables ne peuvent refuser ou retarder le payement des mandats que dans les seuls cas :

Où la somme ordonnancée ne porterait pas sur un crédit ouvert, ou excéderait ce crédit ;

Où les pièces produites seraient insuffisantes, irrégulières ou non conformes à la nomenclature annexée à la présente instruction ;

Où il y aurait opposition, dûment signifiée entre les mains du comptable ; dans ce cas, le comptable, sans se faire juge de la valeur de l'opposition, surseoit provisoirement au payement et se conforme aux dispositions des articles 557 et suivant du code de procédure civile ;

Où, par suite de retards dans le recouvrement des revenus, il y aurait insuffisance de fonds dans la caisse.

28. Tout refus ou retard de payement doit être motivé dans une déclaration écrite, immédiatement délivrée par le comptable au porteur du mandat, lequel se retire devant le président du bureau des marguilliers pour que ce dernier avise aux mesures à prendre ou à provoquer.

29. Les comptables doivent refuser le payement des mandats qui leur seraient présentés après l'époque fixée pour la clôture de l'exercice ; ces mandats sont annulés, sauf réordonnancement ultérieur.

30. Les comptables sont tenus de s'assurer de l'identité des parties prenantes et de veiller à ce qu'elles datent les quittances, sauf à remplir eux-mêmes cette formalité si les parties prenantes sont illettrées.

Lorsque le porteur d'un mandat n'excédant pas 150 francs déclare ne pas savoir signer, le comptable peut effectuer le payement en présence de deux témoins qui signent avec lui, sur le mandat, la déclaration faite par la partie prenante. Si le mandat excède 150 francs, la quittance doit être donnée devant notaire.

31. A l'appui des mandats pour le payement des prix de fournitures ou de travaux, les fabriques pourront, comme par le passé, produire, au lieu de mémoires ou factures, de simples quittances explicatives soumises seulement au timbre de 0 fr. 10 lorsque la somme excédera 10 francs ou que, n'excédant pas 10 francs, elle aura pour objet soit un acompte, soit un payement final sur une somme supérieure à ce chiffre.

La livraison des fournitures ou l'exécution des travaux doit être certifiée sur le mandat ou la quittance explicative par le sacristain ou par toute autre personne apte à constater le service fait par le créancier de la fabrique.

Opérations des régisseurs de recettes. — Services hors budget.

32. Les oblations ainsi que les droits perçus à l'occasion des cérémonies du culte conformément aux tarifs légalement approuvés, peuvent être reçus par le curé ou desservant, ou par les ecclésiastiques par lui délégués, moyennant la délivrance aux parties versantes d'une quittance détachée d'un registre à souche (Modèle n° 5.)

Cette quittance, dont le caractère spécial est déterminé par le deuxième alinéa de l'article 7 de la présente instruction, est passible seulement du droit de timbre de 0 fr. 10 applicable dans les conditions prévues par l'article précédent.

Tous les mois et plus fréquemment, s'il en est ainsi décidé par l'Evêque, les sommes recouvrées par le curé ou desservant ou ses délégués sont versées au comptable de la fabrique qui en délivre une quittance extraite de són journal à souche.

En ce qui concerne les droits perçus en vertu de tarifs, il est remis au comptable, à l'appui de ce versement, un état (modèle n° 8) dressé par l'ecclésiastique régisseur de recettes et arrêté par l'ordonnateur, faisant connaître la répartition, entre les intéressés, de la somme totale encaissée. Le total de la colonne de l'état intitulée : *Part revenant à la fabrique,* est seul versé en numéraire ; le reliquat est représenté par des quittances du clergé et des serviteurs de l'église constatant la remise qui leur a été faite de la part leur revenant.

La part revenant à la fabrique est portée en recette parmi les opérations budgétaires sous le titre : *Part revenant à la fabrique dans les droits perçus sur les services religieux.* La part revenant au clergé et aux serviteurs de l'église est portée en recette et en dépense au compte ouvert parmi les services hors budget sous le titre : *Part revenant au clergé et aux serviteurs de l'église dans les droits perçus sur les services religieux.*

La dépense est justifiée par les quittances souscrites par les intéressés.

La recette est justifiée, en ce qui concerne le compte budgétaire, par l'état modèle n° 8 ; en ce qui concerne le compte hors budget, par une référence au même état.

Les quittances délivrées par le comptable aux régisseurs de recettes sont exemptes de timbre comme se rapportant à des opérations d'ordre.

33. Lorsque les droits dus à l'occasion des cérémonies du culte sont encaissés directement par le comptable, il porte immédiatement en recette budgétaire la part qui revient à la fabrique, et en recette au compte ouvert dans les services hors budget, la part à répartir entre le clergé et les serviteurs de l'église. L'état modèle n° 8 est établi ultérieurement, et les sommes payées aux intéressés, sur mandats de l'ordonnateur, sont portées en dépense, au fur et à mesure des payements, au compte des services hors budget (1).

Réglement du budget. — Comptes de l'ordonnateur et du comptable.

34. Dans la session de Quasimodo, le conseil de fabrique, avant de délibérer sur le budget du prochain exercice, procède au règlement définitif du budget de l'exercice clos le 15 mars précédent.

A cet effet, l'ordonnateur, président du bureau, prépare préalablement son compte pour l'exercice clos qui comprend, en recette et en dépense, toutes les opérations faites sur cet exercice, jusqu'à l'époque de sa clôture (modèle n° 9.) Il se concerte, à ce sujet, avec le comptable.

Ce compte est établi en quatre expéditions destinées au conseil de fabrique, à l'Evêque, à la mairie et à l'autorité chargée de juger le compte du comptable.

35. De son côté le comptable établit et adresse au Président son compte de gestion (modèle n° 10.)

Au moyen de ces divers documents le Président du bureau prépare le procès-verbal de règlement définitif à soumettre, avec toutes les pièces justificatives, à la délibération du conseil de fabrique dans la session de Quasimodo.

36. Le Conseil de fabrique procède du règlement définitif de la manière suivante :

En ce qui concerne les recettes, il arrête le montant des droits constatés au profit de la fabrique, apprécie les motifs de non-recouvrement, admet, s'il y a lieu, en non-valeurs, les sommes non recouvrées ou en prescrit le report à l'exercice suivant. Les sommes admises en non-valeurs et les sommes reportées à l'exercice suivant sont déduites des droits constatés, ce qui fait ressortir le montant des produits réels de l'exercice.

---

(1) Dans les cas prévus aux articles 32 et 33 la souche sera libellée de la manière suivante par le comptable :

le

Reçu de M   la somme de (deux cents francs), qui se décompose comme suit :

Part revenant à la fabrique.	40 francs
Services hors budget	160
Total.	200

En ce qui concerne les dépenses, le conseil de fabrique rapproche les payements du montant des crédits alloués, fixe les excédents de crédits et en prononce l'annulation.

Les crédits ou portions de crédits applicables à des services faits dans le courant de la première année de l'exercice, mais non soldés le 15 mars suivant, sont reportés de plein droit au budget de l'exercice courant.

Les crédits ou portions de crédits relatifs à des dépenses *non entreprises* pendant la première année de l'exercice ne sont reportés au budget de l'exercice suivant que s'ils sont approuvés de nouveau par l'autorité épiscopale sur la proposition du conseil de fabrique.

Les restes à payer qui n'ont pas été constatés à la fin de l'exercice et dont les crédits n'ont pas été reportés au budget de l'exercice courant, ne peuvent plus être acquittés qu'au moyen de crédits ouverts par des autorisations spéciales.

Après avoir arrêté le chiffre total des recettes et des dépenses de l'exercice clos, le conseil de fabrique détermine l'excédent définitif de recettes ou constaté, s'il y a lieu, l'excédent de dépenses.

Le conseil de fabrique consigne le résultat de son examen dans une délibération (modèle n° 11) qui est soumise à l'approbation de l'Evêque avec le compte de l'ordonnateur.

37. Les recettes et les dépenses relatives aux restes à recouvrer et à payer constatés lors de la clôture des exercices, ainsi que les recettes et les dépenses nouvelles autorisées dans la session de Quasimodo donnent lieu au *budget supplémentaire* ou *chapitres additionnels* (modèle n° 2.)

38. Le compte de gestion du comptable est établi en quatre expéditions destinées au conseil de fabrique, à l'Evêque, à la mairie et à l'autorité chargée de juger le compte.

Il doit être revêtu de l'approbation du conseil de fabrique et appuyé des pièces justificatives déterminées dans la nomenclature annexée au présent règlement.

En outre, pour que le compte de gestion soit en état d'examen par l'autorité chargée de le juger, il doit être accompagné des pièces suivantes :

1° Expédition du budget primitif (modèle n° 1), et, s'il y a lieu, du budget supplémentaire (modèle n° 2) et des autorisations spéciales ;

2° Copie certifiée du compte de l'ordonnateur (modèle n° 9);

3° Etat des propriétés, rentes et créances de la fabrique (modèle n° 12);

4° Procès-verbal de la situation de caisse établi le 31 décembre à la fin de la gestion annuelle.

Ces différentes pièces sont comprises dans un bordereau récapitulatif (1).

39. Le compte de gestion est adressé avec toutes les pièces justificatives au greffe de la Cour des comptes ou du Conseil de préfecture avant le 1ᵉʳ juillet de l'année qui suit celle pour laquelle le compte est rendu.

40. Les comptes de gestion des fabriques paroissiales sont jugés, savoir :

Par la Cour des Comptes, pour les fabriques dont les revenus ordinaires excèdent 30,000 francs ;

Par les conseils de préfecture, pour celles dont les revenus ordinaires n'excèdent pas 30,000 francs.

Il y a changement de juridiction lorsque les revenus ordinaires sont restés, pendant trois exercices consécutifs, au-dessus de 30.000 francs, si les comptes étaient jusqu'alors du ressort du Conseil de préfecture ; au-dessous de 30,000 francs, dans le cas contraire. Lorsque le Conseil de préfecture cesse d'être compétent, il appartient au préfet de saisir la Cour des comptes.

41. Chaque comptable n'étant responsable que des actes de sa gestion personnelle doit, en cas de mutation, rendre compte des faits qui le concernent spécialement. Le compte du trésorier-marguillier ou du receveur spécial remplacé doit être présenté dans les trois mois qui suivent la cession de ses fonctions ; il doit être appuyé d'un procès-verbal de caisse et de remise de service dressé à la même époque par le bureau des marguilliers et d'un certificat du Président de ce bureau constatant qu'il n'y a pas de reprises à exercer contre lui, notamment à l'égard des obligations que lui impose l'article 1ᵉʳ du décret du 27 mars 1893.

42. Lorsqu'il y a lieu de pourvoir au remplacement provisoire d'un trésorier ou d'un receveur spécial, le Président du bureau des marguilliers désigne un gérant intérimaire en attendant que le conseil de fabrique procède à la nomination d'un titulaire.

Le gérant intérimaire rend un compte spécial de ses opérations à moins que le conseil de fabrique n'ait décidé, avec l'assentiment des parties intéressées, que ces opérations seront rattachées à celles de l'ancien ou du nouveau titulaire.

43. Les comptables et autres parties intéressées peuvent se pourvoir contre les arrêtés du Conseil de préfecture et les arrêts de la

(1) Enfin les pièces suivantes seront produites à l'appui du premier compte présenté par un comptable nouveau :

Certificat du président constatant la prestation du serment si le comptable est trésorier-marguillier ou receveur spécial (art. 45);

Certificat du président constatant que le cautionnement a été réglé, dans le cas où le comptable y est assujetti.

Cour des comptes suivant les dispositions indiquées dans le décret du 31 mai 1862 portant règlement sur la comptabilité publique.

Placement des fonds libres au Trésor.

44. Les fonds libres des fabriques sont versés en compte courant au Trésor public; ils sont productifs d'intérêts dans les mêmes conditions que les fonds placés par les établissements de bienfaisance.

Le versement des fonds est effectué à la caisse du receveur des finances dans la circonscription duquel se trouve la fabrique : il en est délivré un récépissé à talon. Les intérêts produits par ces placements sont réglés au commencement de chaque année et portés, par le receveur des finances, au crédit de chaque fabrique, qui reçoit un extrait du décompte d'intérêts par l'intermédiaire de l'évêché.

Les retraits de fonds sont opérés au vu d'autorisations de remboursements délivrées, sur la demande du Président du bureau, par l'Evêque ou par l'un des vicaires généraux agréés.

Si le comptable est un trésorier-marguillier ou un receveur spécial, le montant des retraits de fonds est constaté par le receveur des finances en premier lieu sur les extraits de décomptes d'intérêts, et ensuite sur les récépissés à talon les plus anciens en date. A cet effet, le comptable qui veut opérer un retrait doit toujours être porteur des extraits de décomptes d'intérêts et des récépissés. Il n'est passé aucune écriture au livre-journal pour les dépôts de fonds et les retraits effectués, le solde des fonds placés étant représenté par les récépissés que le comptable a entre les mains; mais le comptable doit inscrire au journal à souche le montant des intérêts alloués au commencement de chaque année, et adresser au receveur des finances, par l'intermédiaire de l'évêché, la quittance correspondante détachée au journal à souche.

Serment des comptables.

45. Avant d'entrer en fonctions, les trésoriers-marguilliers et receveurs spéciaux prêtent devant le conseil de fabrique le serment professionnel des comptables publics (1).

La prestation de serment est constatée sur le registre des délibérations du conseil de fabrique. Il en est justifié au juge des comptes par un certificat du président de ce Conseil, lors de la présentation du premier compte de gestion.

---

(1) FORMULE DE LA PRESTATION DE SERMENT.

Je jure de gérer avec fidélité les deniers de la fabrique de..... et de me conformer aux lois, ordonnances et décrets qui ont pour objet d'assurer leur inviolabilité et leur application régulière aux dépenses de ladite fabrique.

Cautionnement des comptables.

46 : Les cautionnements auxquels sont soumis les comptables, en exécution de l'article 15 du décret du 27 mars 1893, sont calculés à raison de trois fois la moyenne des remises, telle qu'elle résulte des trois derniers comptes de gestion présentés.

Ils sont fixés en sommes rondes de 100 francs, les fractions supérieures à 50 francs seront élevées à 100 francs, les fractions inférieures à 50 francs seront négligées.

47. Les cautionnements en numéraire des receveurs spéciaux sont versés soit à la Caisse des dépôts et consignations par l'intermédiaire du préposé de cette caisse (receveur des financess ou percepteur) qui réside au chef-lieu d'arrondissement, soit, avec l'autorisation du Préfet (1), à la caisse des Monts-de-Piété.

Les suppléments de cautionnements en numéraire que peuvent avoir à verser les percepteurs comme comptables des fabriques sont versés au Trésor.

48. Les cautionnements en rentes sur l'Etat sont réalisés en rentes nominatives et calculés au cours moyen du jour de la nomination.

Les comptables des fabriques, qui veulent constituer leur cautionnement en rentes 3 p. 100 (inscriptions directes) ou en rentes 4 1/2 p. 100, remettent, soit par eux-mêmes, soit par un mandataire, leurs inscriptions au chef de la division du Contentieux des finances, pour être déposées à la Caisse centrale du Trésor. L'acte de cautionnement, établi en double, est immédiatement dressé sur papier timbré.

Lorsque le cautionnement est constitué en rentes 3 p. 100 de la série départementale, les inscriptions sont déposées au Directeur de l'Enregistrement qui remplit, à cet égard, les mêmes fonctions que le chef de la division du Contentieux des finances.

49. Lorsqu'un receveur spécial ou ses ayants cause veulent obtenir le remboursement de son cautionnement, il doit être justifié de la libération du comptable par un certificat du président du conseil de la fabrique constatant que les derniers comptes, définitivement jugés par l'autorité compétente, sont apurés et soldés.

Dispositions transitoires.

50. Dans les fabriques où les fonctions de comptable seront confiées, à partir du 1er janvier 1894, à un receveur spécial ou à un percepteur, le nouveau comptable n'aura pas à s'immiscer dans les opérations de recettes et de dépenses relatives à l'éxécution du

(1) Article 4 de l'ordonnance du 6 juin 1830 et décret de décentralisation du 25 mars 1852.

budget de 1893. Il fera recette des fonds qui lui seront versés par le trésorier-marguillier à un article intitulé : « *Excédent de recettes de l'exercice 1893* ». La recette constatée sous le titre « *Excédent de recettes de l'exercice 1893* » sera justifiée par une copie de la délibération du conseil de fabrique arrêtant le compte de 1893.

Le trésorier-marguillier conservera les fonds dont il aura besoin pour solder les dépenses restant à payer sur le budget de 1893 et continuera à encaisser les produits restant à recouvrer sur le même budget, jusqu'à l'époque de son règlement.

51. Les pièces suivantes devront être fournies exceptionnellement à l'appui du premier compte de gestion présenté le 1er juillet 1895, si le comptable est trésorier-marguillier :

Procès-verbal de la situation de caisse au 1er janvier 1894.

Déclaration du président du conseil de fabrique établissant le montant des recettes et dépenses effectuées sur le budget de 1893 pendant la période du 1er janvier au 15 mars 1894.

52. Jusqu'au jour de la présentation du troisième compte de gestion les cautionnements seront déterminés de la manière suivante : on appliquera aux recettes prévues dans le budget le plus récemment approuvé par l'Evêque les bases fixées par l'article 14 du décret du 27 mars 1893, pour en déduire les remises provisoires, et le cautionnement sera arrêté au triple de ces remises provisoires.

Le cautionnement ainsi déterminé pourra, sur la demande des intéressés, être revisé après la présentation du troisième compte de gestion, s'il diffère de plus de 20 p. 100 du cautionnement qui ressortirait des éléments des trois premiers comptes présentés.

Le deuxième alinéa de l'article 46 est applicable au calcul des cautionnements provisoires.

Fait à Paris, le 15 décembre 1893.

Le Ministre de l'Instruction publique,
des Beaux-Arts et des Cultes,   *Le Ministre des Finances*
    E. SPULLER.   A. BURDEAU.

DÉCRET DU 27 MARS 1893

Portant règlement d'administration publique sur la comptabilité des Fabriques.

(Publié par le *Journal officiel* du 28 mars 1893.)

Le Président de la République française,

Sur le rapport du Ministre de l'Instruction publique, des Beaux-Arts et des Cultes,

Vu l'article 78 de la loi du 26 janvier 1892, ainsi conçu : « A partir du 1er janvier 1893, les comptes et budgets des fabriques et consistoires seront soumis à toutes les règles de la comptabilité des autres établissements publics. Un règlement d'administration publique déterminera les conditions d'application de cette mesure » ;

Vu le décret du 30 décembre 1809 et l'ordonnance du 12 janvier 1825 ;

Vu le décret du 23 prairial an XII et le décret du 18 mai 1806 (art. 8) ;

Vu la loi municipale du 5 avril 1884, en particulier les articles 70, 136, 164 et 168, numéro 5, et, en ce qui concerne la ville de Paris, les lois des 18 juillet 1837 et 24 juillet 1867, maintenues en vigueur par la loi du 5 avril 1884 ;

Vu le décret du 31 mai 1862, portant règlement général sur la comptabilité publique ;

Le Conseil d'Etat entendu,

Décrète :

CHAPITRE I.

Des comptables de fabriques paroissiales.

ARTICLE PREMIER. — Les comptables des deniers des fabriques sont soumis aux mêmes obligations que les comptables des deniers des hospices et bureaux de bienfaisance. Les dispositions des lois, décrets et ordonnances concernant les obligations de ces receveurs et les responsabilités qui s'y rattachent, en particulier celles de

l'arrêté consulaire du 19 vendémiaire an XII, relatives au recou-
vrement des revenus et à la conservation des droits, sont applica-
bles aux comptables des fabriques, sous la réserve des modifications
résultant du présent décret.

ART. 2. — Le comptable de la fabrique est chargé seul et sous sa
responsabilité de faire toutes diligences pour assurer la rentrée
des sommes dues à cet établissement, ainsi que d'acquitter les dé-
penses mandatées par le président du bureau des marguilliers jus-
qu'à concurrence des crédits régulièrement ouverts.

ART. 3. — Toutefois les oblations et les droits perçus à l'occasion
des cérémonies du culte, conformément aux tarifs légalement ap-
prouvés peuvent être reçus par le curé ou desservant, ou par l'ec-
clésiastique par lui délégué, moyennant la délivrance aux parties
d'une quittance détachée d'un registre à souche, et à la charge de
versement au comptable de la fabrique tous les mois, et plus fré-
quemment s'il en est ainsi décidé par l'évêque.

Ce versement est effectué tant en deniers qu'en quittances, d'après
la répartition prévue auxdits tarifs et constatée au moyen d'un état
dressé par le curé ou desservant et approuvé par le président du
bureau des marguilliers.

Le produit des quêtes faites au profit de la fabrique est, quand
il n'est pas versé dans un tronc spécial, encaissé au moins une
fois par mois par le comptable de la fabrique. Il est produit au
comptable, à l'appui de ces encaissements, des états constatant,
immédiatement après chaque quête, la reconnaissance des fonds
et revêtus de la signature des quêteurs ; ces états sont certifiés sin-
cères et véritables par le président du bureau des marguilliers.

Le produit de la location des bancs et chaises, lorsqu'elle n'est
pas affermée, est encaissé par le comptable de la fabrique sur le
vu d'états certifiés par le président du bureau.

ART. 4. — Lorsque les fonctions de comptable de la fabrique sont
remplies par un receveur spécial ou par un percepteur, le mar-
guillier-trésorier peut être chargé, à titre de régisseur et à charge
de rapporter dans le mois au comptable de la fabrique les acquits
des créanciers réels et les pièces justificatives, de payer, au moyen
d'avances mises à sa disposition sur mandat du président du bu-
reau, les menues dépenses de la célébration du culte. La quotité
de ces avances et la liste des menues dépenses seront arrêtées par
les règlements prévus à l'article 29 ci-après. Dans ce cas, le mar-
guillier-trésorier peut également être chargé, comme intermédiaire,
de payer sur émargements les traitements et salaires des vicaires,
prêtres attachés, officiers et serviteurs de l'église.

ART. 5. — Les fonctions de comptable de la fabrique sont remplics par les trésoriers de ces établissements, tels qu'ils sont institués par le décret du 30 décembre 1809.

En cas de refus du trésorier, elles peuvent être confiées par le conseil de fabrique à une personne désignée en dehors du conseil et qui prend le titre de receveur spécial de la fabrique. Le même receveur spécial ne peut gérer les services de fabriques appartenant à des cantons différents.

A défaut du trésorier et d'un receveur spécial les fonctions de comptable de la fabrique sont remplies par le percepteur de la réunion dans laquelle est située l'église paroissiale, et, dans les villes divisées en plusieurs arrondissements de perception, par le percepteur désigné par le ministre des finances.

Dans tous les cas, les comptables des fabriques sont soumis aux vérifications de l'inspection générale des finances.

Art. 6. — Lorsque les fonctions de comptable de fabrique sont confiées à un receveur spécial ou à un percepteur, le trésorier de la fabrique cesse d'être soumis aux obligations dont le comptable demeure exclusivement chargé, mais il conserve toutes les autres attributions qui sont dévolues au marguillier-trésorier par le décret de 1809.

La gestion du comptable de fabrique est placée sous la surveillance et la responsabilité du receveur des finances de l'arrondissement quand les fonctions de comptable sont remplies par un percepteur.

Art. 7. — Les conseils de fabrique peuvent toujours décider que la gestion de leurs deniers qui se trouverait confiée à un percepteur sera remise à un receveur spécial. Ils peuvent de même décider que la gestion qui serait confiée à un receveur spécial ou à un percepteur sera remise au marguillier-trésorier. Les délibérations qu'ils peuvent prendre dans ces deux cas ne sont exécutoires qu'en fin d'année ou de gestion.

Les trésoriers et receveurs spéciaux qui seraient régulièrement constitués en déficit ou déclarés en état de faillite ou de liquidation judiciaire peuvent être relevés de leurs fonctions de comptable par le conseil de fabrique, ou, à défaut, par le ministre des cultes. Ils peuvent l'être par le ministre des cultes pour l'une des causes ci-après : 1° condamnation à une peine afflictive et infamante; 2° condamnation à une peine correctionnelle pour délits prévus par les articles 379 à 408 du code pénal ; 3° condamnation à une peine correctionnelle d'emprisonnement, et, 4° s'il s'agit d'officiers publics ou ministériels, destitution par jugement ou révocation par mesure disciplinaire.

Art. 8. — L'article 18 du décret du 31 mai 1863, relatif à l'incompatibilité des fonctions de comptable avec l'exercice d'une profession, d'un commerce ou d'une industrie quelconque, n'est pas applicable aux trésoriers et aux receveurs spéciaux de fabriques.

ART. 9. — Lorsque le trésorier de la fabrique n'est pas chargé des fonctions de comptable et lorsque la fabrique n'a pas désigné un receveur spécial, le préfet assure, de concert avec le trésorier payeur général, la remise du service au percepteur des contributions directes.

Pour l'exécution de cette disposition, le préfet reçoit de l'évêque, avant le 1ᵉʳ octobre de chaque année, l'état nominatif des trésoriers-receveurs et des receveurs spéciaux appelés à assurer la gestion des deniers des fabriques pendant l'année suivante. Il fait appel au concours des percepteurs pour toutes les fabriques non portées sur cet état.

ART. 10. — Lorsque les fonctions de comptable de fabrique sont remplies par un percepteur, les titres de recettes, les budgets, chapitres additionnels et autorisations spéciales de dépenses lui sont transmis par l'intermédiaire de l'évêque, du préfet et du receveur des finances,

ABT. 11. — Lorsque les fonctions de comptable de la fabrique sont remplies par un receveur spécial ou par un percepteur, tous les fonds et valeurs de la fabrique lui sont remis sans qu'il y ait lieu à l'application des articles 50 et 51 du décret du 30 décembre 1809.

ART. 12. — Le comptable de la fabrique assiste à toutes les levées de troncs sans exception, et il en est dressé procès-verbal par les marguilliers.

Quand les fonctions de comptable sont remplies par un percepteur résidant hors de la paroisse, les levées de troncs n'ont lieu que les jours de tournée de recette de ce comptable.

Quand les fonctions de comptable sont remplies par un percepteur ou par un receveur spécial, les troncs sont fermés par deux serrures ; l'une des clefs demeure entre les mains du président du bureau, l'autre entre les mains du comptable. Lorsque ces fonctions sont remplies par le trésorier-marguillier, il n'est pas dérogé aux dispositions de l'article 51 du décret du 30 décembre 1809.

ART. 13. — La situation au 31 décembre et en fin de gestion des valeurs de caisse et de portefeuille des comptables des fabriques, lorsque ces fonctions ne sont pas exercées par un percepteur, est constatée par procès-verbal du bureau des marguilliers.

Le bureau des marguilliers peut, à toute époque, vérifier la situation de caisse et de portefeuille du trésorier et du receveur spécial, sans préjudice du droit que tient l'évêque, au regard seulement du marguillier-trésorier, de l'article 87 du décret du 30 décembre 1809.

Art. 14. — Lorsque les fonctions de comptable de fabrique sont remplies par un percepteur, cet agent a droit à des remises calculées d'après les recettes ordinaires et extraordinaires réalisées pendant l'exercice et sur les bases suivantes :

Sur les premiers 5,000 fr., à raison de . . . . 4 » p. 100
Sur les 25,000 fr. suivants. . . . . 3 » p. 100
Sur les 70,000 fr. suivants. . . . . 1 50 p. 100
Sur les 100,000 fr. suivants jusqu'à 1 million . 0 66 p. 100
Au delà de 1 million de francs . . . . 0 24 p. 100

Les remises ainsi calculées sont prélevées par le percepteur au vu de décomptes dressés par lui, certifiés exacts par le receveur des finances et mandatés par l'ordonnateur.

Lorsque les fonctions de comptable sont confiées à un receveur spécial, les allocations que peut lui accorder le conseil de fabrique ne sauraient être supérieures à celles auxquelles aurait droit un percepteur.

En cas de refus de mandatement des remises ou allocations prévues au présent article, il est statué par décision exécutoire du ministre des cultes.

Art. 15. — Les trésoriers-marguilliers ne sont pas astreints au versement d'un cautionnement.

Les receveurs spéciaux et les percepteurs-receveurs sont astreints à fournir des cautionnements en numéraire ou en rentes sur l'E at fixés à trois fois le montant des émoluments prévus pour les percepteurs par l'article précédent. Le cautionnement du receveur spécial d'une fabrique ne peut être inférieur à 100 fr.

Lorsqu'un percepteur remplit les fonctions de comptable pour une ou plusieurs fabriques, il n'est astreint, à ce titre, à un supplément de cautionnement que si ce supplément, calculé conformément aux dispositions du précédent paragraphe, dépasse 1,000 fr. Dans tous les cas, le cautionnement qu'un percepteur a versé au Trésor en qualité de comptable des deniers de l'Etat, des communes et des établissements de bienfaisance répond subsidiairement de sa gestion des deniers de fabriques.

Art. 16. — Les trésoriers-marguilliers des fabriques remplissant les fonctions de comptable et les receveurs spéciaux de ces établissements prêtent devant les conseils de fabrique le serment professionnel des comptables publics.

Les percepteurs ne prêtent point de serment spécial lorsqu'ils sont appelés à remplir les fonctions de comptables de fabriques.

ART. 17. — L'hypothèque légale n'est inscrite sur les biens des comptables de deniers de fabriques que si cette inscription est autorisée par une décision spéciale du juge de leurs comptes et seulement dans les cas de gestions occultes, condamnations à l'amende pour retards dans la présentation des comptes, malversations, débats avoués ou résultant du jugement des comptes.

Cette hypothèque est inscrite, conformément aux dispositions des articles 2121 et 2122 du code civil, sur tous les biens présents et à venir de ces comptables et sous réserve du droit du juge des comptes de prononcer sur les demandes, en réduction ou translation formées par ses justiciables.

CHAPITRE II.

Des budgets et des comptes des fabriques paroissiales.

ART. 18. — Le budget des fabriques est divisé en budget ordinaire et budget extraordinaire. Ce dernier comprend la recette et l'emploi des capitaux provenant de dons et legs, d'emprunts, d'aliénations et de remboursements de coupes extraordinaires de bois et de toutes autres ressources exceptionnelles.

ART. 19. — Le budget est voté à la session de Quasimodo, prévue par l'ordonnance du 12 janvier 1825 ; à la même session sont votés les chapitres additionnels correspondant à l'exercice en cours.

ART. 20. — La durée des périodes complémentaires de l'exercice s'étend jusqu'au 1er mars pour l'ordonnancement et jusqu'au 15 mars pour le recouvrement et le paiement.

ART. 21. — Les fonds libres des fabriques sont versés en compte courant au Trésor public, et ils sont productifs d'intérêt dans les mêmes conditions que les fonds des établissements de bienfaisance.

ART. 22. — Les deniers des fabriques sont insaisissables et aucune opposition ne peut être pratiquée par leurs créanciers sur les sommes dues à ces établissements, sauf aux créanciers porteurs de titres exécutoires, à défaut de décision épiscopale de nature à leur assurer paiement, à se pourvoir devant le ministre des cultes à fin d'inscription d'office. La décision du ministre des cultes est communiquée à l'évêque, qui règle le budget en conséquence de cette décision. Si l'évêque ne règle pas le budget dans un délai de deux mois à partir de cette communication, ou s'il ne tient pas compte de la décision du ministre, le budget est définitivement réglé par décret en conseil d'Etat. En cas de refus d'ordonnancement il est prononcé par le ministre des cultes, et l'arrêté ministériel tient lieu de mandat.

Art. 23. — Les oppositions sur les sommes dues par les fabriques sont pratiquées entre les mains du trésorier, tel qu'il est institué par le décret de 1809, lequel vise l'original de l'exploit et déclare à cette occasion, sous sa responsabilité, s'il exerce effectivement les fonctions de comptable ou si elles sont confiées à un autre agent qu'il est tenu de désigner. Dans ce dernier cas, les oppositions sont signifiées à ce comptable par les soins des créanciers opposants.

Art. 24. — Les comptes des ordonnateurs et des comptables des fabriques sont présentés avec la distinction des gestions et des exercices dans la même forme que les comptes des établissements de bienfaisance.

Les opérations relatives aux oblations perçues en vertu de tarifs que prévoit le deuxièmn paragraphe de l'article 2 du présent décret sont décrites comme opérations hors budget. Il est fait recette au budget de la partie des oblations revenant à la fabrique.

Art. 25. — Le conseil de fabrique délibère dans sa session de Quasimodo et avant le vote du budget sur les comptes de l'ordonnateur et du comptable.

L'ordonnateur et le comptable, dans le cas où celui-ci fait partie de la fabrique, se retirent au moment du vote sur leurs comptes.

L'approbation par le conseil du compte de l'ordonnateur est accompagnée de la déclaration dudit conseil qu'il n'existe à sa connaissance aucune recette de la fabrique autre que celles mentionnées au compte.

Art. 26. — Les comptes des comptables des fabriques sont jugés et apurés par les conseils de préfecture ou par la cour des comptes, selon les distinctions applicables aux comptes des établissements de bienfaisance.

En cas de retard dans la présentation des comptes, il peut être pourvu à leur reddition par l'institution de commis d'office nommés par le préfet, mais seulement après que le retard a donné lieu à condamnation à l'amende par le juge des comptes.

Chapitre III.

Des comptables, budgets et comptes des fabriques métropolitaines et cathédrales.

Art. 27. — Les dispositions du présent décret sont applicables aux fabriques des églises métropolitaines et cathédrales.

Les comptes de ces fabriques sont jugées par la Cour des comptes, quel que soit le montant des revenus ordinaires.

Chapitre IV.

Des comptables, budgets et comptes des syndicats pour le service des pompes funèbres.

Art. 28. — Les règles de comptabilité édictées par le présent décret sont applicables aux syndicats institués par décrets pour le service des pompes funèbres.

Chapitre V.

Dispositions diverses et transitoires.

Art. 29. — La forme des budgets et des comptes des fabriques et des syndicats pour le service des pompes funèbres, ainsi que la nomenclature des pièces à produire par les comptables et, en général, les mesures d'exécution du présent décret seront déterminées par des règlements arrêtés de concert par les ministres des cultes et des finances.

Les nomenclatures des pièces justificatives actuellement en vigueur pour le service des établissements municipaux de bienfaisance seront provisoirement applicables à la comptabilité des fabriques et syndicats jusqu'à la promulgation des règlements prévus au précédent paragraphe.

Il sera statué par une décision concertée des ministres des cultes et des finances sur la fixation provisoire des cautionnements.

Art. 30. — Les dispositions du présent décret sont applicables aux budgets délibérés par les fabriques et syndicats en 1893 et aux comptes rendus pour l'exécution de ces budgets.

Art. 31. — Un décret spécial déterminera les conditions dans lesquelles le présent décret sera rendu applicable à l'Algérie.

Art. 32. — Sont et demeurent abrogées toutes les dispositions contraires à celles du présent décret.

Art. 33. — Le ministre des cultes et le ministre des finances sont chargés, chacun en ce qui le concerne, de l'exécution du présent décret, qui sera inséré au *Bulletin des lois* et publié au *Journal officiel*,

Fait à Paris, le 27 mars 1893,

CARNOT.

Par le président de la République :
Le ministre de l'instruction publique,
des beaux arts et des cultes,
Ch. Dupuy.

Le ministre des finances,
P. Tirard.

Meaux. — A. Le Blondel, imprimeur-libraire de l'Evêché.

MEAUX. — A. LE BLONDEL, IMPRIMEUR-LIBRAIRE DE L'ÉVÊCHÉ.

www.ingramcontent.com/pod-product-compliance
Lightning Source LLC
LaVergne TN
LVHW020458060726
842525LV00005B/1780